Francesco Greco
Giuseppe Carere

# Vi voglio bene tutti

Francesco Greco
Giuseppe Carere

# Vi voglio bene tutti

## Con alcuni temi del piccolo Giuseppe

Edizioni Sant'Antonio

**Imprint**
Any brand names and product names mentioned in this book are subject to trademark, brand or patent protection and are trademarks or registered trademarks of their respective holders. The use of brand names, product names, common names, trade names, product descriptions etc. even without a particular marking in this work is in no way to be construed to mean that such names may be regarded as unrestricted in respect of trademark and brand protection legislation and could thus be used by anyone.

Cover image: www.ingimage.com

Publisher:
Edizioni Accademiche Italiane
is a trademark of
International Book Market Service Ltd., member of OmniScriptum Publishing Group
17 Meldrum Street, Beau Bassin 71504, Mauritius

Printed at: see last page
**ISBN: 978-613-8-39283-5**

# Vi voglio bene tutti

*Nel libro sono riportati,*

*in corsivo, alcuni temi di Giuseppe.*

*Giuseppe Carere*

*Francesco Greco*

*Settembre 2018*

*grecofrancesco.altervista.org*

# Capitolo 1

Ciao, sono io, Giuseppe. Vi vedo tutti. Vedo i miei amici, i miei genitori, quelli che mi conoscevano e che mi hanno voluto bene.
A volte mi è permesso anche di sfiorare qualcuno di voi con le mie mani e ho l'impressione di sentire il calore della vostra pelle.
Non sono triste, sono sereno perché guardo le cose diversamente da come le vedete voi.
Lui, sapete chi, mi ha permesso di scrivere.
Mi aveva dato questo dono, l'ho scoperto quando ero a scuola: da grande sarei diventato un letterato, forse avrei intrapreso il percorso per diventare giornalista... o avrei scritto dei libri... ma ho imparato che i Suoi piani sono diversi dai nostri.
E' difficile credere, vero? Vi faccio leggere quello che un giorno ho scritto a scuola immaginando di dovermi presentare a persone sconosciute:
*"Io mi chiamo Giuseppe e sono nato l'11 marzo 2004. Mia mamma mi ha raccontato che, da piccolo, ero calmo, serio e facevo pochi capricci. Già da bimbo avevo molti amici, gli stessi con cui oggi vivo tantissime esperienze. Ero poco, ma poco bruttino ma vi assicuro che adesso sono diventato un ragazzino felice, vivace, bello e divertente. Mi ricordo la scuola materna dove ho trascorso tre anni divertenti con i miei amici e compagni stretti stretti. Mi ricordo ancora che io imitavo dottori, lavoratori, cuochi, scienziati ecc.*
*I miei compagni posavano la gamba in una sedia e io, con un finto martello battevo le loro caviglie oppure sentivo il battito del cuore:*

*imitavo il dottore. La mia ex maestra di nome Graziella mi ha aiutato in tutti i lavori; a me infatti piaceva molto pitturare e sporcarmi.*
*Io con tutti i miei amici, all'una mangiavamo insieme. Tutti volevamo la forchetta con la coroncina sulla base, tutti aspettavamo che venisse la pizza. Il pasto preferito. Il giorno più bello dell'anno era la recita, uno spettacolo di fine anno.*
*Dopo tutte queste esperienze sono arrivato al momento più atteso. La scuola elementare. Come dimenticare il primo giorno nella scuola primaria! Abbiamo conosciuto le maestre e abbiamo fatto una piccola festicciola.*
*La mia maestra, che ancora mi insegna, si chiama Angela e vi assicuro che ogni suo alunno è un piccolo scienziato cioè ci fa studiare tanto per fare di ognuno di noi un grande uomo intelligente.*
*Adesso faccio la V elementare e vi assicuro che tutte le mie fatiche e tutti i miei divertimenti sono serviti molto e hanno fatto e faranno di me una persona preparata.*
*A parte la scuola io ho una grande famiglia che mi ha accompagnato nel piccolo viaggio che ho finora trascorso. Adesso, secondo il mio parere, sono un po' bravo a scuola e ho tanti amici con cui trascorrere parte delle mie giornate. Ringraziando Dio ogni giorno per avermi donato la vita".*

A risentire queste parole mi viene sempre una forte nostalgia.

Vi faccio leggere un'altra cosa che ho scritto su di me:

*"Ho dieci anni e questa età è molto difficile da superare se non con delusioni, cadute e incoraggiamenti; superando le difficoltà impariamo a crescere e ad affrontare la vita con tutti i suoi ostacoli.*

*A dieci anni diventi un ragazzino e incominci a provare tristezze, gelosie, dispiacere ecc. Per esempio io sono un bambino che nella famiglia ha pochi problemi e uno di questi è rappresentato da me e mia sorella. Ci vogliamo bene, questo lo so. Ma ci sono litigi che sembrano non finire mai. Infatti lei, quando le servo a qualcosa mi chiama. Poi proviamo tutti e due invidia, gelosie, rabbia, ira ecc. questo mi da molto fastidio.*

*A parte questo sono un ragazzo sentimentale cioè mi metto a piangere un po' facilmente.*

*Per esempio un giorno avevo lasciato le mie scarpe in giro. Vi sembrò strano ma mia mamma, non vedendole, inciampò sopra e provò dolore. Capii che era colpa mia e le chiesi scusa, mi sdraiai vicino a lei e sprofondai nella tristezza, nel dispiacere e nel pentimento, piansi perché si era fatta male per colpa mia.*

*A dieci anni si incomincia a provare ogni sentimento quindi è un'età molto difficile da superare".*

E ancora:

*"Io come tutti, commetto errori ed è normale, grazie a questi che mi pento e mi comporto meglio.*

*Uno di questi errori è quando litigo con i miei amici e con mia sorella, è per questo che, quando facciamo pace mi sento meglio.*
*È tutto normale, non vi preoccupate e ve lo dimostrano i racconti fantastici tra le quali la fiaba di Pinocchio.*
*Come tutti i bimbi anche lui era un bugiardo ma poi se ne pentì. Tutto questo ebbe un lieto fine molto bello: padre e bimbo si incontrarono e si abbracciarono.*
*Con tutti gli errori un bel lieto fine: è questa la vita dell'uomo e non c'è da preoccuparsi.*
*Ad aiutare a superare questi errori sono gli adulti ma a quest'età, quando non c'è una persona in tuo soccorso devi difenderti da solo cioè capire come risolvere tutto facendo pace, gli errori fanno parte della vita e questo ti aiuta a migliorare".*

# Capitolo 2

Dunque sono qui, tranquillo, in un'altra dimensione, e, da dove sto, sempre, in ogni momento, il mio pensiero va a tutti voi e alle persone più care della mia vita. Ho la possibilità di vedere e di ricordare quello che ho scritto, lo faccio ogni tanto perché da qui sento il bisogno, attraverso le mie parole, di rivivere le emozioni e i sentimenti che ho vissuto con le persone che Lui mi ha messo accanto. E ogni volta scopro una cosa bella, e ogni volta lo ringrazio per quello che mi ha donato.

Ecco dunque qualcosa dei miei pensieri.

*"La mamma c'è in ogni momento, anche quando non te lo aspetti.*

*Le sue carezze possono sempre rallegrare un bambino, per far passare dei dolori.*

*Beh, non può guarire il raffreddore, né aggiustarti una gamba rotta ma è presente proprio quando piangi dal dolore: una piccola carezza può risolvere ogni problema, anche ogni sofferenza. È impossibile stare senza mamma, ma specialmente senza coccole perché l'amore che una mamma può dare è infinito (...) più si sta con la mamma, più si guarisce".*

Ho scelto di farvi leggere questo breve brano perché qui, sono in buona compagnia. Lui mi ha messo accanto alcuni ragazzi che come me non ci sono più tra voi, e mi ha affidato un compito speciale: amarli, nello stesso modo in cui ho amato i miei amici quando ero giù.

Sapete? Spesso faccio leggere queste parole ed essi provano gli stessi sentimenti miei, e anche loro, invece di farsi prendere dalla nostalgia, non fanno altro che ringraziarLo per i genitori, i parenti ecc. Sì, proprio per tutti quelli gli ha messo accanto.

*"Io ho un padre che è sempre spiritoso.*

*Ogni momento mi chiama con un nome buffo e mi fa ridere. Quando la mamma è impegnata io e papà restiamo in casa, mangiamo e scherziamo continuamente. Purtroppo come tutti i padri lui lavora dalla mattina alla sera. Gli chiedo una cosa e lui scherzandomi dice: «forse si».*

*Sa rinunciare anche ad un'ora di lavoro per aiutarmi.*

*Mi ricordo di quel giorno in cui mi ero fatto male rompendomi un braccio e lui mentre piangevo dal dolore mi incoraggiava*

*dicendomi che sarebbe passato.*

*Quando ero in ospedale e i dottori mi stavano cacciando i ferri dal braccio lui scherzava e mi diceva che non faceva per niente male e che sarei tornato a ridere.*

*Non dimenticherò mai quel giorno in cui siamo andati ad Acireale per carnevale dove c'era una festa straordinaria con carri altissimi e lui mi metteva sulle spalle e insieme ridevamo.*

*Quel giorno fu davvero speciale: io e lui soli, sono molto fortunato perché è lui che mantiene la famiglia ed è lui che gioca con me e che mi insegna a volergli bene".*

Ecco, ora la nostalgia mi prende...

Ma rido delle cose che scrivevo su mia sorella. Io so ora più di allora che le ho voluto un bene dell'anima e gliene voglio ancora, e lei me ne ha voluto (e me ne vuole) altrettanto; però ci siamo comportati e abbiamo fatto le stesse cose che si fanno tra fratelli e sorelle: ci piaceva bisticciare per tutto e con tutto. Era il nostro modo di stare assieme, e abbiamo fatto le medesime cose che fanno due fratelli in casa: ci stuzzicavamo a vicenda.

Però io soffrivo del fatto che non riuscivamo a stare tranquilli e sono sicuro che anche lei ha provato le stesse preoccupazioni mie.

Guardate che cosa ho scritto:

*"Mia sorella Mariapia (...) non mi rispetta, mi dà fastidio ogni giorno, mi risponde male e fa come se io non ci fossi. Devi sapere, caro diario, che tutte le sere, quando vado a letto recito due preghiere e chiedo al Signore di migliorare il rapporto tra noi due. Pensa, quando ero piccolo mi abbracciava, mi baciava, mi consolava, mi difendeva da mamma e mi portava nel passeggino, mi voleva bene più di ogni altra cosa. Crescendo sono cominciati i lunghissimi litigi tra noi due e questo mi rattrista tantissimo. Ogni giorno la guardo attentamente e penso ai giochi e alle emozioni che potremmo - se solo volessimo - provare insieme. Non esiste cosa migliore di una famiglia in cui ci si vuole bene. I miei pensieri: Mariapia mi guarda e mi dice. «Che c'è???» quanto vorrei abbracciarla: non mi arrenderei mai!!"*

Sono strasicuro che se fossi ancora tra voi io e lei, (perché penso che anche lei avesse voluto fare la stessa cosa) avremmo messo fine ai nostri litigi con un abbraccio sereno.
Comunque da qui la osservo e quando posso è come se le dessi un abbraccio e – credetemi – ho l'impressione che lei mi senta.
E per finire il quadretto non posso non ricordare la piccolina di casa:
*"Io voglio raccontarvi com'è mia sorella Sofia. È molto ma molto furba, ma anche intelligente.*
*Ha una faccia da innocente, dei capelli lunghi fino al collo, degli occhi birichini, un naso a patatina e delle orecchie che sentono tutto.*
*È una bambina amichevole, tanto intelligente, ma non ci dimentichiamo, è anche furba.*
*Pensate che un giorno stavo pitturando, mi sono preso una pausa e Sofia, rubò il mio foglio e mi diede il suo. E poi, tutto il giorno prende il mio telefono e il Nintendo e si scatta tante foto, all'infinito, con smorfie e con la lingua di fuori che appena la vedi scoppi dalle risate.*
*Lei frequenta il secondo anno di asilo e ha 4 anni.*
*Lei ha deciso che da grande diventerà una cantante, infatti si sta esercitando ogni giorno.*

*Può capitare che qualche volta litighiamo e lei prende un lungo cucchiaio di legno e me lo lancia addosso.*

*È una bambina furbissima, intelligente e interessata su tutto; le voglio un mondo di bene".*

# Capitolo 3

Ho ancora nostalgia, tanto amore, tantissimo, anche per l'altra mia sorella più piccola... comunque qui dove sono è diverso.

Capisco le difficoltà che avete di comprendere le cose che vi sto dicendo, per quanto io mi sia messo a scrivere per tentare di spiegarvi com'è questo posto, molte volte ho cancellato tutto. Ho capito che qui il modo di essere, la felicità, quella vera, non si può esprimere a parole, le parole... semplicemente non bastano! La gioia non si può definire! Non sapete quante volte mi sono sforzato di trovare la frase più stupenda che si possa inventare per descrivere anche la parte meno bella del luogo in cui sono, ma tante volte mi è sembrata una specie di offesa.

Vi lascio solo immaginare.

Comunque io sto bene. Meravigliosamente bene, tanto bene che dal giorno in cui vi ho lasciato non ho avuto alcun rimpianto se non quello di sapere che tanti, tantissimi, sono sconfortati. Il mio unico rammarico è che la nostalgia di non potermi vedere crescere, vi rende tristi, che manco ai miei genitori, a chi mi ha conosciuto, a molti: e chiedo sempre, continuamente, a Lui, di sostenere le persone che sono tristi perché io non ci sono più.

Non utilizzo il termine "morte" perché qui da noi non esiste, io ho dovuto fare uno sforzo per ricordare questo vocabolo, il "passaggio" (così lo chiamiamo qui) è così bello che oscura e quasi cancella la negatività di sapere di non essere più vivi nella vostra terra.

Sono quindi felice, e tanto... perché... ecco... non riesco a trovare le parole, non esistono termini per descrivere la mia esperienza, è come se uno incontrasse qualcosa di grandioso, incantevole, estremamente bello che neanche io, quando ero con voi avrei mai potuto immaginare, neanche con la fantasia più accesa.
Però una cosa ve la voglio dire: che io vi amo, tutti, nessuno escluso. Vi amo come non avrei potuto farlo nella vita e la tristezza che voi sentite perché non mi vedete più io cerco di riempirla con la certezza che sarà passeggera e mi rivolgo sempre a Lui, si... a Dio.
Vi rivelo una confidenza. Sapete... noi piccoli – con me ce ne sono tanti – abbiamo cominciato a chiamarlo con un diminutivo: "Amò".
Tra noi è arrivato da poco uno della mia età, proviene da un paese vicino a Napoli, lui è un tipo originale e la prima volta che ha visto Dio gli è venuto di chiamarlo Amò, il diminutivo di "Amore".
Lui, Amò, ha gradito molto la cosa, non vuole essere riverito con tanti inchini e tanti fronzoli come se fosse una specie di sovrano. Lui è come... dire... un papà. Non un padre, è un papà: ecco anche questa volta ho trovato il termine giusto! Vedete, questo è un motivo per cui qui, soprattutto noi piccoli, stiamo bene.
Non è che non sentiamo la mancanza del nostro papà terreno, ma Amò ha riempito subito il vuoto, anche se non possiamo mai togliere dal nostro cuore l'affetto senza fine che abbiamo verso i nostri genitori

Dunque, io gli ricordo sempre che vi faccia guardare la vita in modo bello, positivo, con tanta speranza. Non posso fare altro. E vi assicuro che è tanto!

# Capitolo 4

Sarebbe bellissimo per me venire a trovarvi, ma so che questa cosa non posso chiederla e non lo faccio, il motivo è difficile da spiegare, c'entra comunque la vostra libertà.

Mi tornano in mente dei sentimenti... In un momento della mia vita immaginavo di lasciare per sempre il mio paese, e ora, rileggendo quelle parole, provo in modo più intenso le stesse emozioni che pensavo di sentire.

*"Addio mio piccolo paese nativo...*
*Addio piazza, grazie a te abbiamo giocato*
*e ci siamo divertiti tantissimo.*
*Addio Venere che sei sempre stata*
*nel centro della piazza.*
*Addio fontana che mi hai sempre dissetato.*
*Addio chiesa che ci hai resi fedeli a Gesù.*
*Addio mio piccolo calcetto*
*che mi hai permesso di giocare con i miei amici.*
*Addio soprattutto castello*
*che hai una grande e bellissima storia.*
*Addio casa che ogni volta*
*che mi svegliavo sentivo il profumo*
*del caffè dei vicini.*
*Addio compagno cha hai faticato molto.*
*Addio scuola che mi hai fatto*

*crescere e imparare a scrivere e a leggere.*
*Addio stradina che ci hai permesso*
*di andare dove volevamo.*
*Addio stanzetta che mi hai fatto dormire,*
*fare i compiti ecc.*
*Addio cimitero che hai accolto*
*le persone ormai morte.*
*Addio negozi che mi avete fatto*
*comprare quello che volevo.*
*Addio convento che hai permesso*
*alle persone di entrare, pregare*
*e salutare Gesù.*
*Addio Melia che ogni estate facevamo*
*una grande festa molto, molto bella.*
*Addio catechismo che ci hai insegnato*
*la parola di Gesù.*
*Mi mancherete tutti e spero*
*di rincontrarvi tutti.*
*Addio mio piccolo paesino natio."*

Ecco queste cose, se non le avessi scritte a scuola, le scriverei ora, in questo preciso momento, perché rispecchiano bene ciò che ha segnato la mia breve vita... e non vi nascondo che anche Amò si emozionò non poco quando mi vide metterle su carta.

Si è così: Amò è come se provasse tenerezza verso tutti, ma in particolare verso noi piccoli. La prima volta che gliela mostrai mi sorrise.

Ora, perché vi scrivo? Perché per tante volte io gliel'ho chiesto e Lui ad un certo punto ha ceduto. Io lo sapevo che non mi avrebbe detto di no, Amò dice sempre di si, ma siamo noi, come ho detto prima, che non chiediamo alcune cose perché da qui vediamo la realtà in maniera diversa.

Vi spiego.

Quando siamo sulla terra abbiamo un orizzonte come dire... limitato. Ragioniamo come guardando quell'orizzonte. Invece, dove sono, abbiamo imparato subito cos'è la vita, vediamo l'esistenza delle persone e anche la nostra esistenza in una prospettiva vera, autentica, piena. Questo è un altro dei motivi per cui non chiediamo quello che voi pensate potremmo chiedere.

Comunque la verità che vivo è quella che Lui mi ama, e io non posso fare a meno di guardarlo e in qualche modo di stargli vicino. Lui è come... come una specie di carezza... ecco! Ho trovato un'altra parola che potrebbe farvi capire quello che sto vivendo.

Certo! Amò, Dio, è una specie di carezza, il contatto con Lui ti fa entrare dentro la certezza che il Suo amore è così grande, immenso, supremo che riempie la tua vita, ti rende felice e ti fa esplodere di gioia... e il Suo amore tu lo vedi, concreto, reale.

Quando ero tra voi non sempre riuscivo a vedere l'amore delle persone che mi volevano bene. Qui, invece mi piace osservarlo, anzi più che vederlo - come dire - lo sento: prendete l'esempio che vi ho fatto della carezza (ma è molto di più di come voi potreste immaginare).

Io la percezione dell'amore l'ho sempre avuta, anzi più che percezione era il bisogno di amare e di sentirmi amato. Ora questo amore lo vivo concretamente, ma anche quando ero piccolo non riuscivo a pensarmi o a concepire ad una società violenta. Leggete cosa ho scritto:

*"La guerra purtroppo non è quella che hanno vissuto i nostri bisnonni, ancora oggi è in agguato in paesi poveri e miseri. Basta guardare la TV per sapere cosa succede nelle altre città. Le terre sono sporche di sangue di morti, nessuno può giocare e divertirsi, la guerra oscura la felicità e la libertà, i bambini non bevono e non mangiano: tutti vivono nella povertà più assoluta.*

*La Siria ne è l'esempio: qui la guerra decide la vita di tutti, ci sono malattie gravissime, fiamme fuori casa, nessun può curare i malati. La terra e l'aria puzzano di morti che passano davanti agli occhi ingenui dei bambini; questi ci fanno capire che dove c'è guerra non c'è libertà.*

*Le famiglie per ripararsi vanno nelle cantine buie e con odori terribili cercando di vivere senza pane o acqua.*

*Ad impaurire la terra c'è l'Isis, un gruppo di terroristi che mettono in ginocchio il mondo intero costringendo bambini e adulti a lavorare e a morire.*
*Non hanno pietà di nessuno, uccidono chiunque gli passa davanti, escono vestiti di nero come segno di oscurità, senza la luce della vita che li illumina.*
*La guerra "costringe" anche i bambini innocenti a diventare bambini-soldato e li costringono ad uccidere anche i propri cari, non riconoscendoli. Ci sono anche i bambini kamikaze che si fanno esplodere nei mercati uccidendo se stessi e chiunque gli sta accanto.*
*In classe ci siamo informati e abbiamo visto una foto che ha fatto il giro del mondo parlava di Houda che ha alzato le mani, imitando gli adulti, essendo davanti a una telecamera che ha scambiato per un'arma.*
*L'Isis, i militari e chiunque uccide il prossimo non si accorge che l'uomo e i bambini hanno dei diritti e dei valori molto importanti tra cui la libertà di vivere, di scrivere, di dire le proprie opinioni, di andare a scuola, di studiare, ecc. non dobbiamo dimenticarci però le parole del papa, non scarichiamo sui bambini le nostre colpe!".*

Ecco la mia aspirazione più grande, ora lo so, è quella di amare e sentirmi amato: lo è sempre stata!
Che bello! Ho trovato il modo per dirvi qualche piccola cosa!

# Capitolo 5

Comunque ritornando a noi, Lui mi ha permesso di scrivervi e dirvi delle cose.
So che quello che mi è successo ha sconvolto un paese; quella sera tutti parlavano di me, in un battibaleno la tragica notizia si è diffusa anche al di là del nostro borgo.
Ma ora voglio raccontarvi il fatto come l'ho vissuto io.
Ce l'ho dentro, minuto per minuto. Non ho dimenticato nulla.
Le cose della mia vita sono indimenticabili. Ho come una specie di forziere che contiene tante perle preziose che custodisco gelosissimamente. Ogni perla è un ricordo, un sorriso, un fatto. Sapete perché sono perle preziose? Perché sono state un regalo, un dono di Amò.
Sentite cosa mi faceva scrivere e come mi aveva "progettato":
*"Leggere è la cosa più importante al mondo per tantissimi motivi.*
*Leggere è bellissimo!! Perché sembra di vivere le avventure che stai leggendo; ti fa conoscere gli avvenimenti dei tempi antichi e i progressi ottenuti nel passato, i progressi ottenuti da scienziati eccetera, eccetera.*
*Chi dice che leggere è solo una perdita di tempo, è noioso si sbaglia moltissimo, perché è un'esperienza che ho vissuto anch'io: adesso vi racconto.*
*All'inizio a me non piaceva leggere le schede che mi consegnava la maestra, non mi convincevano. Poi ho deciso di fare una prova leggendo un libro: "È stato bellissimo!!!!!".*

*A me piacciono i libri di Geronimo Stilton.*
*Conosco una canzoncina che forse non convincerà a leggere. Fa così: "I libri sono ali che aiutano a volare. I libri sono vele che fanno navigare".*
*In famiglia non ho visto nessuno leggere ma ho chiesto a mia mamma se lo ha fatto e lei ha risposto che era una divoratrice di libri.*
*Io in una libreria ci sono andato ma non ho mai comprato un libro.*
*La maestra è un continuo assillo dicendoci che dobbiamo leggere.*
*L'anno scorso noi e la quinta abbiamo partecipato ad un concorso di scrittura e abbiamo vinto un premio che consisteva in un buono di 100 euro da spendere in libri".*

Si! Da qui vediamo chiaramente quello che ci ha donato, gli uomini e le donne che ci ha messo accanto, io non me ne ero mai reso conto: Lui mi ha regalato tante persone preziose a cominciare dai miei genitori.
Mi piace, spesso, prendere in mano una di queste perle, io gioisco e il mio cuore... il mio cuore esulta di felicità e mi nasce spontaneo un "grazie" che devo assolutamente dire ad Amò.
Dunque ora comincio a raccontarvi.
Ho preso in mano la perla del giorno particolare di quando me ne sono andato da voi. Intanto, però, devo parlarvi della mia passione

per il calcio. Ecco: ho preso altre due perle che vi voglio far leggere, ero in IV elementare.

*"Caro Luigi,*

*ti devo dire una cosa che forse ti piacerà sentire. Nel mio paese mi sto sforzando di giocare bene a calcio. Come io so, anche tu sei appassionato di questo sport. Con i miei amici nelle belle giornate ci raduniamo a gruppi per divertirci e giocare. Siamo tutti migliorati e io spero che lo sia anche tu. Pensa che ieri ci siamo riuniti in tanti e ci siamo divertiti un mondo, solo che, alla fine della giornata sono caduto, ma niente di grave. Mi ricordo qualche mese fa tu eri venuto a trovarmi e tutti i giorni giocavamo all'aperto.*

*Cambiando discorso secondo me a scuola sto andando bene specialmente nella matematica, la maestra è fiera di me.*

*Qualche sabato, in compagnia dei miei amici vado al ristorante a mangiare, io con un mio migliore amico ci siamo organizzati, quando faremo 10 anni verremo ad Aosta, nella tua città. Vorrei che in questo momento fossi con me".*

Particolare mi è anche questo ricordo. Un giorno a scuola ho scritto questo pensiero:

*"Io ho un sogno... diventare calciatore, infatti con i miei amici gioco sempre e mi alleno.*

*Nel mio paese c'è anche una scuola calcio in cui io partecipo assieme ad altri bambini che condividono il mio stesso sogno, non è*

*facile diventare calciatore, ma basta crederci, sperarci e soprattutto sognare e vedremo che i sogni si avvereranno.*
*A me piace moltissimo questo sport perché c'è il gioco di squadra, c'è la gloria di aver fatto un bel gol, pure di avere parato un tiro, si fanno molti amici, si gioca regolarmente ecc.*
*Come voi ben sapete il calcio è diviso in ruoli da cui nascono gli schemi per segnare.*
*Il ruolo del centrocampista, difensore, portiere e attaccante.*
*Io nella mia squadra chiamata San Giorgio Morgeto (scuola calcio) occupo quasi tutti i ruoli tra cui: centrocampo, soprattutto difesa, raramente attacco e anche il ruolo di portiere. Io sento dentro di me la gloria di fare gol, parare e soprattutto di diventare calciatore, non finirei mai di parlarvi della mia unica passione: il calcio".*

Ma torniamo a noi. Era stata una giornata bella. Mi ero divertito tanto. Sentivo l'aria della festa, l'ultima dell'estate. Era stata una giornata stupenda e con i miei amici avevo giocato quasi tutto il giorno al pallone. Mi piaceva, ci mettevo tutto me stesso, dentro di me quei movimenti e il gioco del calcio mi rendevano vivo, vero!
In quel momento mi sentivo Giuseppe. Anche quello era un dono. Ci avevo pensato sempre. Con la mia maestra Angela, un giorno abbiamo parlato dei bambini che avevano difetti fisici, che non potevano correre, giocare, divertirsi come facevo io, e da quel giorno in poi compresi che quello che potevo fare era un regalo: io

non ero come quel ragazzo in carrozzella che avevo visto nella foto, e poi avevo tanti amici e con loro era bello passare anche giornate intere a giocare a pallone.

Non posso negare che quel giorno mi stancai, ma era stata un'occasione per dimostrare le mia capacità calcistiche.

Era anche giorno di festa, ricordo attimo per attimo ciò che feci in famiglia, le cose che ho detto e fatto con mia mamma e mio papà, il loro ultimo sguardo e le mie ultime parole pronunciate a loro. Le mie sorelle: quanta nostalgia!

Ho davanti ai miei occhi gli amici, le giocate a pallone.

Sembrò una fortuna che la giornata non finisse lì, la festa della Melia mi piaceva tanto, potevo continuare a essere felice con i miei compagni anche la sera: li vidi sul trenino e mi misi a correre per prenderlo in velocità, non avevo mai corso così veloce, ce la misi tutta, ero molto allenato e per la gioia di poter continuare a divertirmi volevo andare al massimo, velocissimo... quando mi sedetti sul mezzo, tra il compiacimento dei miei amici, persi conoscenza.

Quello fu un momento di cui ricordo poco.

Rividi il trenino fermo e il dottore. Alcune persone stavano soccorrendo qualcuno. Strano, non provavo più stanchezza, mi sentivo leggero, leggerissimo. All'inizio non mi resi conto di quello che era successo. Mi avvicinai a vedere chi era a terra. Ero io! Pallido, non mi muovevo. Cercai io stesso di toccarmi, ma mi accorsi che nessuno mi poteva vedere. Il panico mi afferrò. Mi voltai come per chiamare disperatamente mia mamma e mio papà. Vidi persone che conoscevo con le facce stravolte, ma davanti a me c'era lui.

Mi sembrava di conoscerlo, non era un uomo, era diverso dagli uomini.

Mi guardava in un modo particolare: sorrise quando lo fissai e mi accorsi che sul suo volto c'era una specie di lacrima. Si avvicinò, io mi sentivo confuso. Capii che gli altri non potevano vederlo altrimenti, sicuramente, si sarebbero impauriti e non poco; era qualcosa di più di un essere umano, era come una persona, ma il suo portamento era maestoso, degno di grande rispetto e il suo aspetto... solo il suo volto parlava dentro, diceva tante cose. Mi prese per mano, io andai con lui un poco più avanti, vidi mio padre, tentai di chiamarlo ma lui mi trascinò con sé e si sedette sopra un muretto. Pure io mi sistemai vicino a lui; mi sentivo abbastanza confuso, avevo anche paura. Allungò il braccio e lo mise sopra la mia spalla.

# Capitolo 6

Chi era? Mi sembrava qualcuno di familiare, più familiare di mio papà e di mia mamma, forse lo conoscevo da sempre, lo sentivo vicino a me.
Non parlava, comunicava con i gesti e quell'abbraccio per me fu una grande consolazione. Mi venne di poggiare la testa sulla sua spalla e chiudere gli occhi. Lui, non sapevo come, mi stava mostrando qualcosa di bello, il suo abbraccio mi diceva di non aver paura, di non piangere, di non disperarmi, ed io non lo feci. Quell'abbraccio mi dava sicurezza mentre, in quel momento, cominciavo a capire. Mi aiutò a rendermi conto che me ne stavo andando per sempre da quel mondo.
«Mamma, papà!» gridai, non potevo lasciarli soli!
Sentii venire il desiderio di correre velocemente, il più velocemente possibile, come sapevo fare, per trovare la mia mamma e farmi abbracciare da lei. Lui mi strinse ancora, non mi mossi, capii che se anche l'avessi fatto, lei non mi avrebbe visto e il mio dolore sarebbe aumentato a dismisura.
Mi abbracciò più forte. Per un attimo sentii la disperazione, ma fu breve, quell'abbraccio era come una specie di consolazione. Qualcosa mi diceva che era lì perché io non fossi tormentato, non soffrissi per niente. Lo avevo intuito, anzi lo sapevo, come se fosse una cosa ovvia.

Chiusi gli occhi; mi scappavano le lacrime e la disperazione si fece avanti, ma la sua presenza mi tranquillizzava, non capivo, scese solo una debole lacrima.
Come avrei fatto senza la mia mamma, il mio papà, le mie sorelle, i miei amici e tutti gli altri? Questo mi provocava angoscia, ma lui mi stringeva più forte in quell'abbraccio e ora cominciava ad accarezzarmi.
Ad un certo punto mi mollò. E mi chiese in uno strano modo, con una specie di gesto, di guardare davanti a me.
Vidi un'altra realtà e poi comparve, distante, ma molto distante, Amò. Restai come affascinato dal suo volto (utilizzo questo termine, non ne saprei trovare un altro migliore).
Anche Lui mi parlò. Mi comunicò qualcosa, una specie di sorriso e di sguardo intenso, profondo. Scomparvero le mie paure, ormai ero entrato in quella dimensione, e sembrò che la mia breve vita, per quanto io fossi stato felice, felicissimo, con la mia famiglia, fosse poca cosa a confronto di quando potevo avere solamente a contemplare il volto di Amò. Mi venne in mente che in misura minore quella sensazione la provai in un giorno speciale... presi la perla di quel giorno che raccontai in un testo a scuola:
*"Il 17 maggio 2015 non è una data da non dimenticare per me perché per la prima volta ho ricevuto il corpo di Gesù nel sacramento dell'Eucarestia o Comunione.*

*Gesù è morto in croce per noi e ha offerto il suo corpo a me e a tantissimi che hanno già fatto la comunione.*
*La settimana precedente abbiamo fatto le prove e ci siamo divertiti tantissimo.*
*Il prete don Salvatore ci ha fatto ridere tantissimo e aiutati appunto da lui, dal suo sguardo, abbiamo capito come stabilirci (muoverci).*
*Molti di noi non si conoscevano perché alcuni frequentavano la scuola di Melia e altri la scuola di Villotta, ma là eravamo, comunque, amici.*
*Venerdì 15 maggio 2015 siamo andati al ritiro spirituale della mattina dalle 9:00 alle 16:00.*
*Siamo andati a Polistena e ci siamo portati il pranzo a sacco. Ci siamo molto divertiti e don ci ha interrogati sulle domande relative al catechismo.*
*Là, successivamente, sabato mattina siamo andati alle prove e ci siamo confessati.*
*Domenica per me è stato fantastico.*
*Ero molto nervoso a sapere di ricevere il Corpo del Signore, ma ero anche impaurito col timore di sbagliare, cadere, gettare il calice assegnato, gettare la pianta di ulivo assegnata ecc. fortunatamente non ho sbagliato. L'emozione, però era alle stelle, forse mi preoccupavo molto!? Ecco però che la sicurezza che mi ha guidato quel giorno è stato un pensiero: «Questo è il corpo di Gesù, un momento importantissimo»".*

# Capitolo 7

Restai tanto tempo - si fa per dire - perché il tempo qui è una cosa diversa, con quell'essere che mi aveva accolto.

A proposito non vi ho detto che si chiama Eli, è un angelo custode. Il mio.

Amò lo mandò per aiutarmi a fare il passaggio. La paura e la tristezza non scomparvero ma presero un altro significato. Provavo una specie di commozione, non per quello che mi era successo, ma nel sentire il vostro dolore e la vostra sofferenza. Mi commossi perché potevo percepire quante persone erano preoccupatissime per me. Io non ero ancora morto, ma la situazione era grave, e compresi che non sarei più tornato indietro.

Ora, in quella dimensione, stretto di nuovo in quell'abbraccio, e con il volto rivolto verso Amò, cominciai a capire la gravità di quello che stava succedendo.

Io, a dire la verità, non avevo mai pensato alla morte, né che sarei potuto morire, la morte non era nei miei pensieri.

Lui piano piano si mostrò, lo fissai, non faceva nulla per nascondere il suo estremo interesse; il suo sguardo (ma era qualcosa di più) era concentrato su di me, mi osservava, e la scoperta della sua attenzione mi tranquillizzò. Era come se fossi al centro dell'universo! Era fantastica questa cosa e mi distraeva molto dal dolore, mi esaltava solo il pensiero che in quel momento io, un semplice ragazzo, ero la prima delle sue preoccupazioni. Per Lui c'ero io, nient'altro.

Ora potevo comprendere le parole che un giorno scrissi:

*"Non esiste ricco e povero, bello e brutto, perché la ricchezza è l'amore di Dio e la bellezza è la vita che ci ha donato. Tutti siamo uguali e non dobbiamo sentirci migliori del prossimo".*

Vi sembrerà strano, io ora avevo con me quella ricchezza e quella vita. Si! Mi sentivo vivo come non mai, anche senza il mio corpo, e mi sentivo soprattutto ricco. Mai quelle parole che avevo scritto avrebbero potuto avere un significato più bello e mi piaceva ripeterle come una specie di canto d'amore per Lui.

Nonostante quella che noi chiamiamo onnipotenza, io ero la sua priorità. Io!

Non mi vergogno di dire che quell'esperienza mi esaltava: i suoi pensieri - tutti - erano per me. Mi sentivo dentro il Suo sguardo. Io per lui, ora, ero una cosa molto preziosa. Non avevo mai visto, anzi, sentito... anzi non mi ero mai immerso in un amore così grande e mi tuffai dentro. La sofferenza scomparve. Tutta.

«Perché non mi hai chiamato prima?» mi venne spontaneo dire. A voi questa cosa sembrerà assurda! Amò invece sorrise.

Non capivo, mi sembrava che tutto il tempo che avevo vissuto sulla terra, anche e soprattutto i momenti più belli, fossero assolutamente sprecati a confronto del fascino della sua presenza.

Ecco! Devo dirvelo, era una cosa che non avevo mai pensato! Una scoperta fantastica! Al catechismo m'insegnarono che Lui era buono, giusto, misericordioso, ma nessuno mi aveva mai detto che Lui era bello!

Scoprii che era incantevole, splendeva di una bellezza antica, maestosa, grande, che mi ammalia e mi affascina tutt'ora, e ciò mi faceva rimpiangere tutta la mia breve vita, che mi sembrava veramente sprecata e inutile.

Amò mi ascoltò, era come se ogni mia parola risvegliasse in Lui un'emozione, una grande emozione. Non so come. Ma rividi in Amò gli stessi sentimenti e la stessa meraviglia che provarono i miei genitori quando io cominciai a pronunciare le prime parole.

Amò fu come se si fermasse, per un attimo, a gustare la mia domanda. Percepivo che era quasi commosso. Dio si commosse per me, per quelle parole che io dicevo, per quello che stavo provando... Lui, dolcezza senza fine...

Mi parlò. La sua voce fu soave, un suono, leggero, delicato. Come il sussurro di una lieve brezza. Per me non era nuova. Chiusi gli occhi e mi accorsi che qualche volta nella mia vita l'avevo sentito, era lo stesso sussurro, la stessa delicatezza.

«Non ti ho voluto prima con me perché tu sei stato un dono per gli altri» mi disse, e la cosa l'ascoltò anche Eli. Anche lui sembrava provare i miei stessi sentimenti e se posso fare il paragone, ancora una volta dal suo volto (sembrava umano) scendeva una lacrima di gioia. Aveva mollato la presa.

Ora a riempire la mia anima bastava la Sua voce.

# Capitolo 8

La voce di Amò era anche come una musica. Non era una frase. Ma ogni parola, e anche ogni pausa in quella frase erano come un canto d'amore. Io mi sentivo al centro, ancora al centro di tutto e il solo Suo parlare mi riempiva di una gioia che non riesco a dirvi e a descrivere.

Quelle parole mi risuonarono dentro, io le percepivo profondamente.

Anche il significato di quello che Amò volle dirmi entrò dentro di me e riempì il mio cuore.

Non riuscii a trattenere una domanda che mi usciva fuori spontanea.

«Io? Io sono un dono?» chiesi come per avere una specie di conferma.

Lui continuò a guardarmi con la stessa attenzione di prima, rispose.

«Si!».

Quella sola affermazione ebbe dei risvolti che non potevo immaginare, non era una semplice parola... sembrava fosse lo specchio della sua volontà. Era troppo bello e troppo grande per me capire...

In fondo io mi consideravo un ragazzo normale, come tutti. Se volete anche un ragazzo anonimo, non avevo fatto nulla di speciale, di particolare. Non mi sentivo certamente migliore dei miei compagni e dei miei amici e, se guardavo il mondo, l'universo, la gente, mi sentivo sempre piccolo. Un semplice ragazzo che aveva finito la scuola primaria.

Per questo motivo avevo difficoltà a far entrare dentro di me le affermazioni e la marea di sentimenti che Amò voleva comunicarmi con quelle parole.

Se ne accorse anche Eli. Mi strinse. E passò la sua mano davanti ai miei occhi. Fu come se io potessi osservare molti episodi della mia vita e mi fece vedere quello che nessun uomo è mai riuscito a vedere: il giorno della propria nascita.

La mia curiosità salì al massimo. Osservai con attenzione i miei genitori, le persone che mi stavano vicino. Percepivo i loro sentimenti e le emozioni. Ebbi pure la possibilità di vedere gli occhi di mia mamma quando mi guardò per la prima volta... quell'immagine è rimasta profondamente scolpita nel mio cuore.

Sentii la commozione di mio papà quando nacqui... se lui si fosse messo a spiegarmi con tutte le più belle parole del mondo quello che in quel momento aveva provato per me non sarebbe mai riuscito a comunicarlo... ma io ora lo sentivo, potevo vederlo, distinguerlo. Vi assicuro che questa è una cosa veramente indimenticabile! Queste perle sono quelle per me le più preziose.

Cominciai a capire che significava essere dono. Si, ero stato un dono. Grande. Come una specie di film mi passarono davanti anche tanti, tantissimi momenti della mia vita. In quella dimensione il tempo non è come il nostro, li guardai tutti. Eli era accanto a me e anche Amò li osservava - come dire - sorridente. E mi guardava.

Capii.

Ora dentro di me c'era ancora come una grande emozione. Amò era ancora lì, tutto concentrato su di me.

Dovevo farlo.

«Grazie!» gli dissi.

Fu come se sorridesse. E nel mio cuore cambiò qualcosa, ora compresi, anzi vidi il mio "passaggio" in modo diverso, nuovo... ero veramente sereno.

Trascorse tanto tempo in cui mi persi in quello sguardo, mi sentivo... (provo a trovare i termini giusti) coccolato, accarezzato, tranquillizzato. Vi sembrerà strano, malgrado tutto, io mi sentivo felice, sereno, in pace. Una pace che non avevo mai potuto immaginare.

Qui il tempo scorre diversamente, se dovessi fare un paragone, fu come se mi fossi perso nello sguardo di Amò per anni, per decenni, per secoli.

Poi ad un certo punto sentii il bisogno di essere con me, nel momento del passaggio definitivo. Eli, che mi era accanto capì al volo, mi conosceva alla perfezione. Così ricomparvi nel vostro mondo.

Ecco il nostro amato paese: sentivo nostalgia.

Il distacco anche per un ragazzo come me era una sofferenza. Vidi che il mio corpo fu messo su un'automobile che partì velocemente, intuii che andavo verso l'ospedale di Polistena. I miei sensi erano dilatati, percepivo i sentimenti, c'era mestizia, tristezza, sconforto e poi c'era silenzio; troppo silenzio, ascoltai i commenti di qualcuno e vidi i miei amici con le lacrime agli occhi. Pure la festa di paese era stata interrotta!

Lo ringraziai anche per avermi donato il mio paese, e mi comparì una perla, qualcosa che io avevo già scritto.

*"Il nostro caro paesino, San Giorgio Morgeto è caldo, e accogliente per tutti, sorge in una collina, e in alto a padroneggiare c'è il castello normanno e con un passato fantastico. Se andiamo a visitare appunto il paese, troveremo tante viuzze e qualche bambino o adulto che parla.*

*Se dovete scegliere tra una città e San Giorgio vi consiglio il secondo perché qui non c'è traffico, si può uscire tranquillamente senza preoccuparsi di essere investiti c'è soprattutto la libertà di uscire.*

*Alcuni però si sono spostati in altre città perché qui mancano i grandi centri commerciali. Per vedere un bel film bisogna andare nelle città vicine, per comprare gli abiti bisogna andare altrove ecc.*

*Ci sono alcuni aspetti positivi, cioè puoi incontrarti con gli amici liberamente, c'è un punto d'incontro molto conosciuto: la piazza, in cui tutti passeggiano, giocano, si divertono ecc. Una cosa però non mi piace, il campo sportivo da calcio, è rovinato perché è di sabbia, mentre il calcetto è chiuso. Quindi alcuni centri sportivi mancano.*

*In questo paese, per fortuna, in ogni casa, in ogni famiglia, ci sono molti valori che noi rispettiamo, amore, amicizia, conoscersi, stare uniti, affrontare le difficoltà, volersi bene ecc.*

*Io amo questo paese e spero che tutti capiscano che San Giorgio Morgeto nasconde vere grandi bellezze naturali".*

# Capitolo 9

Ora le mie percezioni erano diverse, riuscivo a vedere le persone in profondità, per quello che erano e soprattutto per quello che sentivano. Avvertivo il dolore di ognuno, mi emozionai non poco. Non mi aspettavo di essere voluto così bene da tutti, sentivo con intensità il dolore dei miei genitori. Non avevo mai pensato che il loro amore per me fosse così ampio, vasto, grande, immenso o almeno mi venne in mente un testo che avevo scritto e ora mi sembrava vero, veramente reale.
*"Questo è un messaggio che si deve dare a tutti: aiutarsi non solo tra amici ma tra tutte le persone in difficoltà. Forse non ce ne accorgiamo ma di persone vicine che stanno male di sicuro ce ne sono, quindi possiamo incontrarle anche non andando lontano, uno si deve preoccupare dell'altro e se ha la possibilità aiutarlo.*
*Questo è il significato del messaggio: siamo tutti fratelli".*

Mi perdetti in quell'amore, per me era come il riflesso del volto di Amò.
«Eli!» chiamai. Mi sentivo profondamente turbato e profondamente commosso. Fu come se ancora stessi sentendo il vento leggero della voce di Amò. Io ero stato un dono, ora potevo capire ancora cosa significavo per i miei familiari, ma anche per tante persone, anche quelle che conoscevo appena. Mi smarrivo nei loro sentimenti e sentii come delle voci; erano le preghiere, molte preghiere che salivano in alto.

«Non farti prendere da questi turbamenti» mi suggerì Eli e mi prese per mano. Quella stretta la sentivo come mia, era una cosa familiare, mi venne in mente le tante volte che da ragazzo, Eli mi diede quella stretta che per me voleva significare sicurezza. Ecco. Ne avevo bisogno.

Sentivo, comunque che non potevo restare indifferente, assolutamente insensibile verso quella specie di emozioni o di sentimenti nei miei confronti.

Feci una scoperta: quel desiderio di pace, il voler godere della presenza delle persone che Amò mi aveva messo accanto, il profondo desiderio di vivere in armonia con tutti, erano state le cose che volevo di più nella mia vita, questo desiderio me lo mise dentro – da sempre – Lui. Era come se fosse la mia vocazione.

Guardate cosa ho scritto una volta:

*"Caro Babbo Natale, io ti scrivo questa lettera per chiederti di farmi fare un passo indietro nel passato anche per un giorno, e farmi rivivere tutti i bellissimi momenti trascorsi con la mia famiglia e con tutte le persone che conosco.*

*Amo molto stare con la mia famiglia, soli, soletti in casa al calduccio, protetti dalle mani affettuose dei miei genitori.*

*La sera, ricordo che ci recavamo al pub dove mio padre e mia madre lavoravano ed io con mia sorella ci divertivamo un mondo a scherzare, a giocare, divertirci.*

*Uno dei momenti più belli fu la nascita di mia sorella Sofia che occupa un posto molto importante nella mia bellissima famiglia; finalmente siamo al completo.*
*Ancora ricordo una sera, coperto nel mio lettuccio pieno di paura e terrore; poi arrivò la mia mamma che si coricò con me e con una voce silenziosa e convincente mi sussurrò: «Che hai?" e io risposi: «Ho paura!!!». Così cominciammo a pregare e come un soffio di vento la paura fu sconfitta dalla pace e dall'amore che mia mamma suscitò nel mio cuore pieno di speranza, affetto e amore trasmesso dalla mia famiglia, quindi dormii nella mia camera, nella serenità, nella pace.*
*Anche il Natale si fa sentire. Mi ricordo che, da più piccolo, addobbavamo l'albero con palline, luci, e andavamo da mia nonna per giocare a tombola e mangiare il panettone.*
*Il 25 dicembre sotto l'albero trovai i regali sperati da tanto tempo ma il vero dono della vita è la famiglia.*
*Caro babbo Natale, non voglio regali, ma ti chiedo di farmi rivivere in qualche modo la gioia del passato e con il resto accontenta i poveri, questo è il mio sogno ma so che è impossibile realizzarlo. Posso custodirlo nel cuore".*

E il mio cuore ora pulsa ancora di questi sentimenti e di questi desideri di pace e di amore. Si, il mio destino era quello di vivere la vita, di viverla nelle relazioni e negli incontri con gli altri. Nel mio piccolo cuore, c'erano i sogni di Dio, una società più bella, un desiderio di gioia nata non dalle cose materiali ma dal desiderio di avere accanto – semplicemente – le persone e niente altro: che bello!!! Che scoperta!! Che sensazioni!!

«Cosa sto provando?» chiesi.

Eli fece un sorriso, si fermò e si mise davanti a me. Inginocchiandosi mi fissò. I suoi occhi sembravano trasparenti, anzi era come se cambiassero colore; abbozzò una specie di sorriso.

«Questa è la compassione!».

Quel sentimento non lo avevo mai preso in considerazione, mi sembrava di ragionare come Amò, ora sentivo tutti vicini: tutti... erano in apprensione per un ragazzino come me! Venni preso dallo stupore.

Non potei non rivolgere qualche parola ad Amò. Anzi era come se gli stessi offrendo quelle angosce che percepivo. Lui mi parlò come sempre con quella specie di venticello leggero.

«Sei stato un dono» continuava a dirmi. E cercavo di capire cosa volessero dire quelle parole. Anche io, comunque, provavo una specie di dispiacere, prima di tutto per i miei familiari, ma anche per gli altri, per le tantissime persone che all'ospedale vegliavano il mio corpo parlando sottovoce. Soprattutto sentivo la tristezza per quella che per loro era stata una vera e propria tragedia.

Fu così, mentre nel mio animo c'erano tutti i vostri pensieri e tutti i vostri dolori io trapassai, quasi non me ne accorsi, o meglio Eli mi teneva sempre stretto a sé come se mi volesse preservare dal dolore, dalla sofferenza del distacco. Con lui io mi sentivo protetto. Le sue braccia erano quelle di mia mamma e di mio papà, le stesse, ogni volta che mi doveva stringere o accarezzare era come se si servisse delle loro braccia. Erano simili, io sentivo la stessa sicurezza e soprattutto lo stesso calore amorevole.

# Capitolo 10

Il distacco dalle cose della terra è sempre una sofferenza (è inutile negarlo!).
Tra le sue braccia pure io fu come se mi mettessi a piangere. Ora il mio corpo stava diventando freddo. Non riuscivo a vedere più nessuno: solo quell'involucro con cui io avevo gioito, intessuto amicizie, giocato a pallone, reso felice la mia famiglia, i miei amici, le persone che mi volevano bene: quell'involucro era lì, come un giocattolo che non può funzionare. Non feci altro che stringermi ad Eli, e stringermi forte. Avevo bisogno di consolazione, il mio unico rimpianto fu che non potevo più essere abbracciato da mia mamma e dalle braccia forti di mio papà.
Anche per me ci fu tanta tristezza e restai così, assieme al mio angelo che non si muoveva. Mi teneva stretto, mentre dalla sua bocca usciva fuori un canto leggero. Non diceva parole ma esprimeva solo dolcezza, mi stava vicino e stava facendo di tutto per alleviare la mia pena. Una nostalgia mi covava dentro: non avrei guardato più negli occhi mia mamma, mio papà, le mie sorelle. Non avrei sorriso in classe con i miei compagni.
Il dolore che sentivo non era per me. Ormai sarebbe stato sufficiente dare uno sguardo anche fugace ad Amò e tutta la tristezza sarebbe scomparsa in un attimo, ma quel sentimento che avevo scoperto, la compassione, mi faceva sentire una specie di rammarico per non poter essere più un dono per tutti quelli che mi conoscevano: da quelli che mi volevano bene ai semplici amici

che mi consideravano un ragazzo come tanti del paese. Insomma, io avevo Amò, ma voi? Cosa avreste avuto? Chi vi avrebbe consolati? Piano piano ebbi la consapevolezza di quello che avreste sofferto.
Il dono che ero io non ci sarebbe più stato... pensai a quanto sarebbe stato difficile per mia mamma e mio papà, per le mie sorelle, vivere senza di me... Cominciavo a comprendere di più le parole di Amò.
Ecco cosa aveva voluto dirmi quando mi definì "dono". Io non ci sarei più stato ad allietare la vostra vita, a parlare con i miei amici, a scuola... E il sentimento di compassione si fece più forte. A tutti quelli che mi conoscevano sarebbe mancato qualcosa, io non pensavo di fare cose eccezionali, ma nel disegno che mi mostrò Amò io ero importante, ero dono, dono di gioia, dono di serenità: sorriso, specchio del suo sorriso.
Ma cosa potevo fare io da lì? Sapevo bene che ormai era impossibile comunicare con voi, o almeno mi parve così, e una specie di turbamento si fece avanti nel mio animo, era come se mi stessi impregnando del dolore di mia mamma e di mio papà... non andai più oltre, non volevo caricarmi di più.
Quella sensazione - se così posso descriverla - il dispiacere di riuscire a percepire l'afflizione, grande - indescrivibile a parole - di due genitori che perdono il loro bambino, riempì il mio animo, mi entrò dentro mentre Eli continuava a starmi vicino. Non so quanto

tempo restai così. Mi sentivo tutt'uno con quell'angoscia, era come se fossi diventato una spugna che si riempiva della disperazione dei genitori per aver perso un figlio. In più anche la vostra disperazione era mia.

Per spiegarvi bene è come quando la sofferenza di un tuo amico ti entra dentro perché gli vuoi bene, è come se l'assorbissi tutta. Tuttavia non mi sentivo disperato. C'erano due braccia forti a tenermi, mi domandai perché. Pensai che la risposta fosse ovvia.

Ancora quella frase di Amò risuonò nella mia mente, era sempre là presente, come una specie di eco leggero o di soffio di vento delicato. Capii.

Mio papà e mia mamma, ma non solo, tutti quelli che mi hanno voluto bene, anche loro erano stati un dono per me. Ecco perché vi sentivo vicino.

Mi resi conto di tante cose.

Mi rivolsi ad Amò. E dissi le stesse parole che un giorno scrissi a scuola.

*"Dio è felicità se comprenderemo questo capiremo il vero senso della nostra esistenza".*

«Grazie» mi venne da dire per mia mamma e mio papa, per le mie sorelle, per tutti i miei parenti, per le tante meravigliose persone che mi aveva messo accanto. Io li passai in rassegna una per una,

presi tante perle e le guardai, tutte. Dalla quantità del loro dolore potevo vedere la quantità di bene che mi avevano voluto.
«Grazie» dicevo sempre più forte ad Amò. Mentre lentamente Eli si univa al mio ringraziamento.
Oltre alla mia famiglia e i miei familiari che mi avevano voluto un bene immenso, oltre i miei compagni e i miei amici, nessuno escluso, c'erano tanti, tantissime persone che mi tenevano nel loro cuore e io mai, mai, mi ero accorto del bene che provavano per me.
Ogni volto, ogni istante, ogni sorriso, mi si presentava davanti come in una specie di film. Faceva sgorgare dal profondo del mio essere una semplice parola: "grazie". Non potevo dirmi più fortunato, non potevo non essere riconoscente ad Amò, anzi mi venne in mente di dire pure "scusa" se non mi ero mai accorto del tanto bene che aveva circondato la mia breve vita. Ma Amò - come dire - sorrideva, guardandomi e facendomi una carezza, il cui valore non riesco ad esprimere con semplici parole.
Lui mi mostrò una cosa che io avevo già scritto, eccola.
*"La Pasqua è una festa molto religiosa, io l'attendo e la accolgo perché è una festa molto importante che viene rispettata.*
*Molte sono le tradizioni e le più importanti sono la via crucis e l'affruntata. I cibi sono anche molto importanti lasciano grandissimi ricordi e non vengono mai dimenticati.*

*A me piace molto la Pasqua e l'attendo con grande pazienza perché ci ricorda che Gesù è morto in croce per liberarci dai peccati.*
*La Pasqua è un grande dono per me e per tutti, non vedo l'ora che le feste ricomincino e che tutto si risolva perché la Pasqua è una festa religiosa molto importante. La Pasqua ha riportato a tutti un sorriso ma anche belle giornate.*
*Durante questo periodo sono molto emozionato per tutte le funzioni del mio paese.*
*Sono triste il giorno che Gesù muore ma sono felice quando risorge".*

Ora rivivo quella risurrezione, ora capisco!

# Capitolo 11

Lentamente passavano davanti ai miei occhi tutti gli episodi vissuti con la mia famiglia, anche quelli brutti, tutte le persone che avevo conosciuto, per ognuno di loro il mio cuore esultava, Amò mi aveva voluto veramente bene!

Poi il "grazie" si trasformò in una specie di preghiera. Il loro dolore ora mi era più presente, sapevo bene che la loro sofferenza era difficile da sopportare per qualcuno: da lì vedevo la loro vita in modo diverso, sapevo che sarebbe stata una cosa difficilissima, anche per i miei genitori.

Mi allontanai da Eli e lo guardai. Lui capì al volo cosa volevo fare e mi fece un cenno con la testa. Ora mi trovavo davanti ad Amò. Io e Lui solo. Ora sapevo che i suoi occhi, il suo sguardo, la sua attenzione, erano fissi su di me, e Lui si sarebbe preso cura di me e dei miei dubbi; era come se fossi stato dentro una carezza.

Mi venne subito in mente che non aveva mai smesso di amarmi, anzi, ora, in quella situazione, il suo amore lo potevo percepire più di prima. Lo vedevo come una cosa fondamentale e mi domandai come, quando ero in vita, non me ne fossi mai reso conto, non avevo mai sentito il bisogno di quella specie di carezza.

Ma quella era una questione che non pressava più di tanto nel mio animo, ora dovevo risolvere un altro fatto. Io sapevo che lui conosceva già i miei dubbi.

Sapete, a Lui non si può nascondere nulla, e questa è una cosa bellissima. Intuii che aveva già una risposta.

Aspettò che io dicessi qualcosa. Era come se ogni mia parola per Lui fosse una cosa preziosa: per Amò era una gioia sentirmi parlare, ed esulta ancora quando qualcuno di noi gli rivolge parola.

Per spiegarvi meglio è come se… Lui gioisce quando noi comunichiamo, allo stesso modo con cui gioisce un genitore quando sente il proprio bambino pronunciare le prime parole.

«Come faranno senza di me?».

La sua risposta fu ovvia:

«Tu sei stato e sei ancora un dono» sussurrò con quel vento leggero che era la sua voce.

«Ma come? Io non potrò più vederli, non potrò più parlare con loro, mi rimpiangeranno» risposi istintivamente.

Amò non fece una mossa, fu come se sorridesse.

«Ne sei sicuro?» fece.

No, non ero sicuro, dovevo capire meglio, ma andai avanti. Voleva che io gli dicessi tutte le difficoltà che provavo, tutta la compassione che sentivo e tutta la tristezza che avevo percepito negli animi di quelle persone che amavo in quel momento tragico in cui io non c'ero più.

«La loro sofferenza, io l'ho vista! Si allontaneranno da se stessi, si allontaneranno anche da Te, qualcuno penserà che Tu sei ingiusto perché hai permesso che io morissi» dissi, ma non in questo modo con cui l'ho scritto, in un modo diverso, più ampio, elencando

persona per persona, mostrando davanti ai suoi occhi la loro tristezza e il loro dispiacere. Quella compassione che era entrata nel mio animo si era trasformata in apprensione, nel pensare che quell'evento avrebbe potuto allontanare qualcuno da Lui.
Il soffio della sua risposta per me diventò ovvio quando finii di parlargli.
«Tu che ne pensi?» mi fece. Questa volta la sua voce era diversa.
Io? In quel momento? Quella domanda era la risposta.
Allora alzai il mio sguardo e lo fissai, come si dice nella Bibbia il mio volto era davanti al suo. Sì! Avevo davanti il volto di Amò... ecco, le parole non bastano! La risposta era Lui.
Di quel volto non potevo fare più a meno, e, ripensando bene, rimpiansi ancora una volta il fatto di aver passato quasi inutilmente tanti momenti della mia vita senza di Lui e di non aver avuto prima dei miei undici anni la possibilità di vederlo. A voi sembrerà strano, lo so, ma qui è così, questa è la vera realtà!
Avevo davanti a me la gioia più grande, la felicità totale, l'amore più sconvolgente che un uomo, anche il più santo, potrebbe mai immaginare.
«Grazie» usciva continuamente dalle mie labbra. Avevo raggiunto una meta e la mia unica speranza in quel momento, la mia unica preoccupazione, fu quella che tutti, tutte le creature che mi aveva messo accanto potessero, un giorno, godere della gioia che io

stavo provando guardando il volto di Amò. E mi persi in quel volto non so per quanto...

# Capitolo 12

Come vi dicevo prima qui il tempo scorre in modo diverso, non riesco a dargli una misura. Fatto sta che quel "grazie" che gli dissi per me durò un'eternità!

Intanto lui mi guardava. La risposta alla mia questione era quella, c'era, e io dovevo solo aspettare per trovarla.

Sentii il desiderio di tornare da voi. Eli mi accontentò all'istante.

Il mio corpo era nella chiesa del paese, in una bara bianca, stava cominciando la messa. La chiesa era strapiena di gente.

Io mi mossi verso il mio feretro. Volevo accarezzarlo e poi mi inginocchiai davanti a mia mamma e a mio papà, tentai di consolarli con un bacio, ma serviva a poco. Per un istante smettevano di piangere, il loro dolore e la loro sofferenza io la sentivo, la potevo percepire. Era lì, come un riflesso dell'immenso amore che mi hanno voluto e che mi vogliono ancora. Davanti ai loro occhi e alla loro mente, in quel momento, anche in modo molto confuso, scorrevano mille immagini e mille episodi della mia vita con loro, e ogni episodio, ogni atteggiamento era come se nel loro cuore affondasse sempre di più una spada che generava una sofferenza veramente indescrivibile.

«Amò aiutali!» dicevano le mie labbra in continuazione. Mi agitai finché non sentii la mano di Eli, questa cosa mi dava sicurezza e serenità. Mi guardai attorno e mi venne di andare a sedermi sulla bara. Avevano avuto una bella idea a mettere la mia maglietta di calcio. Guardai nella navata della chiesa. C'erano i miei amici, tutti i miei parenti al completo e tutto il paese. Volevo dare una carezza ad ognuno per consolarli in qualche modo. Ma nello stesso tempo volevo stare per un'ultima volta vicino al mio corpo. Ne sentivo nostalgia. Eli capì al volo e mi guardò.

«Vai tu?» dissi. Lui fece un gesto affermativo e ad ognuno, di quelli che erano presenti, cominciò a dare una carezza, un bacio, un tocco della sua mano, per dare anche un poco di consolazione.

Stavo li. Ebbi la sensazione che c'era qualcosa che non andava, mi guardai attorno. Non mi ero accorto che in quella chiesa c'era qualcosa di strano. Osservai con attenzione. Era la stessa chiesa che avevo frequentato e in cui avevo fatto la prima comunione, così come la vedete voi sempre, ma accanto ad essa era come se ci fosse una struttura più grande che in qualche modo si sovrapponeva: la chiesa poteva contenere molte più persone e non era ad una ma a tre navate.

Ai lati, nelle navate, in piedi c'era una folla che non avevo mai visto. Tutti vestiti di bianco, tutti con il volto sorridente. In un posto c'erano tanti bambini alcuni molto piccoli, che si muovevano tra la folla dei grandi.

Riuscivo a distinguere chiaramente e non solo per la veste bianca coloro che erano vivi e quelli che non c'erano più, che avevano fatto il passaggio, erano tanti ed erano lì con me. Quando si accorsero che io li guardavo mi rivolsero il loro sguardo e in un certo senso il loro pensiero.

Erano come un comitato di accoglienza, volevano starmi vicino, per non lasciarmi solo.
Io avevo perso i genitori e gli amici, ma ne avevo trovati tanti che mi avrebbero guidato verso strade nuove che io non potevo nemmeno concepire.
Quel momento per loro era una festa.
«Sono le anime dei giusti di questo paese» mi suggerì Eli.
Non sentivo più la solitudine, in qualche modo essi condividevano la mia compassione e fu come se mi sostenessero in quel particolare momento. Sull'altare, immobili, vestiti con una specie di veste liturgica bianchissima c'erano tre sacerdoti, pensai che erano stati parroci che erano vissuti nel paese. Anche loro si univano ai due sacerdoti che si stavano preparando a celebrare la messa.
Guardai ancora bene in quel luogo e capii il senso di quelle presenze, ora ero certo, erano lì per celebrare un momento di gioia. Eli mi fissò e fu come se gli chiedessi una conferma, lui abbassò la testa per dirmi di si.
Da una parte c'era la tristezza del distacco, dell'abbandono. Dall'altra mi aspettavano in tanti a vivere come una festa senza fine e senza confini. Qualcuna di quelle anime si avvicinò a mio papà e a mia mamma. Una la riconobbi, mi fece una specie di sorriso, non mi sorpresi. Si sarebbero presi cura di loro in quel

triste momento, e ogni tanto li accarezzavano come per consolarli del grande dolore.
Avrei avuto la possibilità di conoscerli e anche loro, i miei parenti lontani e lontanissimi, mi avrebbero raccontato tante cose.
Mi emozionai non poco. Quel momento era per me.

# Capitolo 13

Alzai gli occhi per cercare Amò. Lui era lì ma non riuscivo a vederlo, poi intuii. Lo vidi, era in quell'altare sotto la statua di San Giorgio. C'erano due angeli in ginocchio che recitavano in continuazione una specie di canto leggero, non riuscivo a comprendere le parole, ma ne capivo il significato. Era un inno di ringraziamento e in quel canto si univano a tratti le voci di quell'immensa folla di gente vestita di bianco.

Era strano, quel mio oscillare tra due realtà diverse: un momento di lutto e un momento di festa. Ma dovevo prepararmi, io ero al centro di tutto.

Il coro si mise a cantare perché cominciò la Messa, e alle voci terrestri si unirono le voci del coro celeste.

Le parole della Messa, nella dimensione in cui vivevo, risuonavano come un momento di festa sino a che il sacerdote che celebrava non intonò il Signore Pietà. Tutte le anime presenti si misero in ginocchio, anche quelle dei sacerdoti. Chiedevano perdono a Dio per quante volte l'avevano offeso.

Per me fu un colpo, per dirla con le vostre parole, una specie di shock. Ora che avevo l'anima pulita e avevo incontrato Amò, mi venne di passare in rassegna tutti i momenti in cui io non avevo riconosciuto il suo amore per me. Mi parve che la mia anima si oscurasse e sentii un immenso senso di colpa perché nella mia breve vita non l'avevo onorato come avrei dovuto farlo.

L'oscurità della mia anima diventò più fitta quando mi sentii indegno, assolutamente indegno di tutto l'amore che Lui mi aveva dato. Provai una strana sensazione. Tanta solitudine. Nessuno mi poteva aiutare, neanche Eli; se ne stava lì a guardarmi senza fare niente. Mi sembrò che lo splendore che avevo visto prima in quella chiesa celeste si fosse attenuato, che una nuvola di buio si addensasse sulla chiesa terrena. Mi alzai e mi recai davanti al suo trono.

In quell'altare mi prostrai a terra. Se avessi potuto piangere i miei occhi si sarebbero riempiti di lacrime a fiumi. Mi sembrava che ogni piccola azione della mia vita, invece che glorificarlo, l'avesse offeso, infinitamente.

Nella mia mente comparvero le parole che una volta scrissi in un compito di scuola:

*"Io, si, credo tanto in Dio, ma qualche volta non lo rispetto cioè combino guai come tutti i bimbi.*

*Gesù, ama tutti i bambini e credo che anche se facessi una marachella lui mi perdonerebbe e mi amerebbe per sempre ed ugualmente".*

Il ricordo di quelle parole mi afflisse ancora di più, mi sembrava che malgrado tutto io avessi approfittato della sua amicizia per me. Mi prostrai, così, semplicemente. Non sapevo cosa fare e mi sembrava che qualsiasi cosa avessi detto non poteva ripararmi da quell'ingratitudine che ero stato. Restai così, non so per quanto tempo.

Poi, ad un certo punto, qualcuno venne ad accarezzarmi, erano un bambino e una bambina, avevano la mia età terrena. Sentii la loro compassione nei miei confronti.

«Sei stato un bravo ragazzo» disse la bambina.

Mi fecero alzare quasi trascinandomi vicinissimo al trono ed entrambi mi fecero cenno di sollevare il volto e guardarlo. Io non mi sentivo all'altezza. Loro insistettero.

E così Lo guardai, in un secondo il suo sguardo riempì il mio animo. Anche se il mio essere si interrogava profondamente.

«Sei un dono» era il suo sussurro, con un'intonazione diversa.

Mi fece passare in rassegna la mia vita. La bambina aveva ragione: non mi ero mai reso conto che in fondo, ero stato un bravo ragazzo. Tranquillo. Questo era stato un suo dono e io per quello che ho potuto l'ho messo in atto.

«Ma io ti ho offeso!», gli dissi mentre sentivo che avrei dovuto onorarlo sin dal primo momento. Lui come la prima volta fece, una specie di sorriso. Mostrò un frammento del suo amore per me. Era la mia pasqua!

Fu come se tutti avessero un sussulto di gioia. Ora potevo intravedere come e quanto ero stato amato, anche durante quelle tante volte che io facevo marachelle.

Una luce nuova mi avvolse e avvolse quell'ambiente. Mi sentivo nuovo, purificato, pronto. Il suo amore mi aveva lavato.
«L'amore tutto perdona, tutto crede, tutto spera, tutto copre, tutto ama» era il canto leggero degli angeli che stavano davanti a Lui. E tutti si unirono in quel canto ripetuto più volte, anche io mi unii a quella melodia mentre sentivo il Suo sguardo su di me.
«Grazie» continuava a dire la mia voce, e si sintonizzava a quella di tutti e arrivò al suo cuore; lo percepii profondamente.

Tornai nella celebrazione. Mi misi davanti a mia mamma e mio papà. Andavo ora dall'una e ora dall'altro accarezzandoli, provavo a toccare il loro cuore nel tentativo di alleviarli dalla sofferenza e dal dolore che provavano.
«Tutto è dono!» mi suggerì questa volta Eli. La sua voce, anzi il suo sussurro lo conoscevo bene e cominciai a trovare la risposta alla domanda che avevo fatto ad Amò. Quella sofferenza aveva un significato, potevo vedere da dove nasceva, quale ne era l'origine: il bene smisurato e immenso che i miei genitori provavano per me. Questo è stato il più grande dono che mi ha dato.
«Grazie!» sussurrava ora il mio cuore e sapevo che il Suo era sintonizzato con il mio. Mi ascoltava, mi accarezzava con la Sua presenza.
Ecco: la sofferenza nasce dall'amore, anzi l'amore genera sofferenza. Ora io, da li, potevo vedere quel dolore in una diversa

prospettiva, in un diverso modo. I mei genitori, i miei parenti, la mia maestra, i miei compagni, tutti, sino alla più sconosciuta vecchietta presente in quel luogo... tutti, a loro modo mi volevano bene, e soffrivano, perché quel bene non potevano riversarmelo più addosso.

«Non è vero, non è vero!» gridai, pensando di poter essere sentito, ma non era possibile. Il pianto, la sofferenza, il dolore di voi tutti per me fu una linfa vitale! Ecco quale era stato il dono più grande che Amò aveva fatto alla mia vita! Essere circondato dall'amore, di tanti, di tutti!

E state sicuri che tutto l'amore che avete riversato su di me genererà tanto altro amore!

# Capitolo 14

Quella tristezza che vedevo attorno a me era un dono, il segno dell'amore, di tutto l'amore che avevo ricevuto.
Piansi, se così si può dire: piansi di gioia, e passai tra di voi uno per uno, in quella chiesa a darvi un bacio, una carezza, mi accorsi che Amò mi suggerì di benedirvi, tutti, tutti! E io l'ho fatto, vi ho toccati con le mie mani, vi ho benedetti tutti!
Il resto delle anime che mi accompagnava continuava a cantare in una lingua che mi sembrò di conoscere da sempre, comprendevo le parole, era una lode a Dio, una lode continua. Il mio funerale fu una festa, una gioia, un canto di lode.
E anche se ancora non avevo trovato la risposta alla domanda, sapevo di aver fatto un passo in avanti, cominciavo a comprendere il perché della sofferenza e vedevo al di là del dolore.
Ripetei la domanda:
«La loro sofferenza, la vedo! Si allontaneranno da se stessi, si allontaneranno anche da Te. Qualcuno penserà che Tu sei ingiusto perché hai permesso che io morissi».
Amò non disse nulla, stava semplicemente accanto a me. Sapevo che c'era una risposta. Per me la sofferenza era come un atto di amore e mi fece vedere quella che prese sulle sue spalle Gesù, per amore, infinito. Ora capii veramente quello che m'insegnarono al catechismo.

La celebrazione finì, ma non seguii il mio feretro, restai in chiesa con quelle persone, che ora si erano avvicinate a me. Il loro sguardo era diventato consolazione, accoglienza, vita.
Ad un lato della chiesa, non l'avevo vista, c'era una di quelle anime che splendeva in modo diverso, aveva il volto giovane e tutti si rivolgevano a lei con un certo senso di rispetto. Mi avvicinai.
Mi guardò e fece un segno come per invitarmi ad andare da lei, mi abbracciò.
Mi teneva in un modo particolare. Mi sentii quasi rinato, non avrei voluto che mi mollasse mai. Pensai che il suo abbraccio era come quello di mia madre ma Eli mi suggerì qualcos'altro.
Capii: era l'abbraccio di mia madre che assomigliava al suo; lei aveva stretto tra le sue braccia Gesù.
E mi perdetti in quell'abbraccio, non lo lasciai, feci come per chiudere gli occhi, come un bambino che lo fa per gustare appieno l'amore della mamma.
Avevo perso mia madre, ora c'era un'altra madre che si prendeva cura di me.
«Consola la mia mamma» le chiesi. Lei mi strinse ancora, forte.
Una voce melodiosa, profonda, armoniosa, come un canto uscì dalla sua bocca.
«Stai tranquillo piccino mio» e così mi persi in quell'abbraccio, in quel gesto di amore.

# Capitolo 15

Ormai era passato qualche tempo. Avevo avuto un permesso speciale, la gioia di vivere quella dimensione non faceva scomparire la nostalgia per chi mi era stato accanto. Così di tanto in tanto io continuavo a frequentare casa mia.

Pensavo che la sofferenza avesse avuto fine in quel momento dell'estremo saluto ma, invece, ora che non ero veramente presente, passati i giorni del lutto, quella sofferenza si faceva più viva, più concreta, più dura. Era come se la mia assenza provocasse nelle persone la mancanza di qualcosa d'importante.

Ormai avevo imparato che quella sofferenza è un atto d'amore. Mancavo io, io che ero latore di doni, tanti! Io stesso, ero stato un dono, un dono prezioso, non certamente per i miei meriti, ma perché fu Amò che mi aveva creato così.

E vi osservai, ebbi il permesso di farlo, e continuo a farlo ancora oggi. Conosco bene, ormai, tutti quelli che mi hanno amato. E io continuo ogni giorno, ogni ora, a parlare con Amò.

La risposta alla mia domanda la ebbi un giorno, quando andai da Lui a presentargli tante sofferenze e tanti altri problemi che sono presenti nel nostro bellissimo paese. Ricordo ancora perfettamente.

«Guarda, senza di Te sono disperati, sembrano senza speranza, non ti capiscono» gli dissi, Lui mi guardò con la solita attenzione.

«Per questo ti ho voluto qui» sussurrò come un canto leggero la sua voce.

Io restai in silenzio, la sua voce – ormai l'avete capito - risuona. Amò parla poco ma riesce a dire tante cose, e imparai subito a far risuonare quelle parole dentro di me.

Pensai che la mia morte poteva essere interpretata come un'ingiustizia inutile che Dio ha permesso... incomprensibile umanamente parlando, ma guardandola da un altro lato no, era un'altra cosa.

Ora da qui io raccolgo ogni giorno la sofferenza di tutti; essa per me è un canto d'amore, un grido di speranza, un desiderio di serenità, di pace, di gioia, di amicizia. Basta spostare un poco la prospettiva – capisco che è difficile – ma le cose acquistano un senso diverso.

«Per questo ti ho voluto qui» risuonava ancora dentro di me... e compresi.

Continuo ad essere un dono per gli altri, in modo totale, pieno e un dono prezioso... si! Mi piace essere un dono!

Ora sono qui a salutarvi tutti, non mi dimenticherò di nessuno. Gli anni passeranno, gli eventi si accavalleranno, la vita vi distrarrà e forse qualcuno non si ricorderà di me. Ma io continuerò ad essere un dono... si un dono... da qui io vi tengo tutti nel mio cuore, vi tengo tutti stretti, e vi presento ogni giorno ad Amò.

Sono come quel monumento che i miei genitori hanno voluto fare per ricordare la mia memoria... sì, sono come Eli e ricordo sempre ad Amò che il mio sacrificio non può essere stato inutile.

Anche io ho sofferto, infinitamente, perché vi voglio bene, tutti. Ma adesso voglio continuare a donarvi il mio amore, da qui. D'altro canto Amò mi ha creato per questo.

# Epilogo

Prima di concludere sento la necessità di farvi leggere quest'altro tema:

*"Dio è l'essere perfettissimo, creatore del cielo e della terra che però non lo abbiamo vai visto ma crediamo che esiste. Dio ha avuto la decisione di creare un'opera bellissima: la donna o meglio il suo braccio destro donandole l'istinto materno.*

*Non c'è essere vivente che uscito alla luce, non vede la persona che lo aiuterà durante la vita: la madre.*

*Quest'ultima accudisce molto suo figlio donandogli nutrimento, felicità e dandogli la vita. Però non è solo l'essere umano a occuparsi di suo figlio ma ci sono gli animali come il cane cha appena partorisce accudisce lei i suoi figli pur stando ferma in un angolo.*

*Ma la donna, madre di un figlio è veramente speciale, profuma di coccole che sanno di affetto, infatti ci bagna e ci pulisce con il suo "profumo", ha sempre il sorriso in viso che finisce solo quando ci vede soffrire e non si staccherà mai da noi.*

*Se parlassi di mia madre dovrei comprare circa cento libri perché non finirei mai di ringraziarla e di amarla. Io mi sento molto al sicuro; posso paragonarla a una coperta che riscalda, a un assistente che mi aiuta, e alla vita che mi sorride sempre. Io ho grandi sentimenti per mia madre. Quando sto male lei mi abbraccia e insieme ci sfoghiamo piangendo. Nei suoi occhi si legge il bene che mi vuole e che io ricordo a lei, nessuno può sostituirla!! Mi ricordo quando mi ero rotto il braccio, quando mi cacciavano i ferri e lei si prese di coraggio tenendomi, o meglio abbracciandomi; aveva le lacrime agli occhi, il viso preoccupato e mi guardava intensamente e amorosamente. Io provavo dolore ma appena ho visto mia madre e il suo pianto il dolore finì perché il nostro amore sconfigge il dolore e la paura. Mi ricordo anche quando ho perso la chiave e mi sono fatto male; tornando a casa lei piangeva e non potevo fare altro che piangere anch'io. Mi ricordo pure quando è caduta per colpa mia e provava dolore, io dentro stavo scoppiando a piangere. Cercavo di nasconderlo però mia mamma se ne accorse e io così, su di lei, nel suo abbraccio piansi e piansi a non finire. Ti voglio bene mamma, grazie".*

Ogni tanto ho nostalgia dell'abbraccio di mia mamma e me ne vado da lei, la Madre. Lei mi sorride con lo stesso sorriso di mia mamma e mi abbraccia. Allora io là, stretto in quell'abbraccio, le racconto le vostre cose e lei, da madre, mi rassicura e mi promette la sua benedizione.

Un'ultima cosa voglio dirvi: non dimenticatevi mai di me, io vi ho tutti, ma proprio tutti, dentro il mio cuore.
E voglio chiedervi una cosa, ricordare la lettera che ho scritto a Babbo Natale? Ricordare quello che volevo in regalo?
Ora lo chiedo a voi, si!

Ricordatemi sempre per quello che ero, ricordatemi sempre così, un ragazzino tranquillo, che Dio vi ha donato, che amava (e ama) vivere nella gioia e nella pace.
Ecco: se nella vostra vita sentite il rimorso di azioni negative, se vi venisse voglia di prendervela con tutti, se avete subito qualche forma di torto, se avete in mano delle situazioni e potete decidere come andranno a finire, scegliete sempre di vivere tranquilli, come desideravo vivere io.
Cercate sempre la serenità, le cose semplici, la pace, l'armonia, il bene, ve lo chiedo con il cuore.
In quei momenti ricordatevi, fatelo per me!

Printed by Books on Demand GmbH, Norderstedt / Germany